AF461147

1911 Juin 9

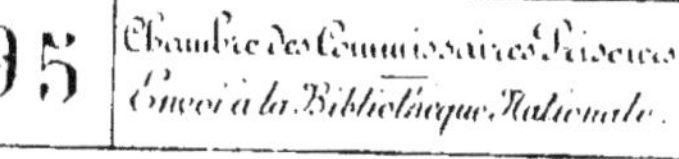

VENTE

Du Vendredi 9 Juin 1911

HOTEL DROUOT, SALLE N° 6

A DEUX HEURES

OBJETS D'ART ET D'AMEUBLEMENT

ANCIENS

Porcelaines et Faïences, Bronzes, Cuivres, Étains, Etc.

MEUBLES ET SIÈGES

TAPISSERIES

COMMISSAIRE-PRISEUR

Me ANDRÉ DESVOUGES

Successeur de M. Maurice DELESTRE

EXPERT

M. GEORGES GUILLAUME

CATALOGUE

DES

OBJETS D'ART & D'AMEUBLEMENT

ANCIENS

PORCELAINES ET FAIENCES

BRONZES — CUIVRES — ÉTAINS — MÉTAL

Glaces, Miniatures, Objets de vitrine et divers

INTÉRESSANT GROUPE EN BOIS SCULPTÉ

ANCIEN BAS-RELIEF EN IVOIRE

TABLEAUX — DESSINS — GRAVURES — LIVRES

Meubles et Sièges Anciens

ARMOIRES, BAHUTS, SECRÉTAIRES, BUREAUX, TABLES VARIÉES

Commodes estampillées de Ellaume, Lapie et Vassou

MOBILIER DE SALON EN ANCIENNE TAPISSERIE AU POINT

SUITE DE TAPISSERIES DU XVIIe SIÈCLE

Appartenant à Mme N... et à Divers

Et dont la Vente aux Enchères publiques aura lieu

HOTEL DROUOT, SALLE N° 6

LE VENDREDI 9 JUIN 1911

A DEUX HEURES

COMMISSAIRE-PRISEUR

Me ANDRÉ DESVOUGES

Successeur de M. Maurice DELESTRE

26, rue de la Grange-Batelière

EXPERT

M. GEORGES GUILLAUME

13, rue d'Aumale

PARIS

EXPOSITION PUBLIQUE

Le Jeudi 8 Juin 1911, de 2 heures à 6 heures

CONDITIONS DE LA VENTE

Elle sera faite au comptant.

Les adjudicataires paieront *dix pour cent* en sus des enchères.

L'exposition mettant le public à même de se rendre compte de l'état et de la nature des objets, aucune réclamation ne sera admise une fois l'adjudication prononcée.

Paris — Imp. de l'Art. Ch Berger. 41, rue de la Victoire.

DÉSIGNATION

Objets appartenant à Mme N...

TABLEAUX ET DESSINS

VALELAIR (Sophie)

1 — *Portrait d'Homme à perruque poudrée, le col orné d'un jabot.*

Signé à droite en bas et daté : *1792*.

VERNET (Genre de J.)

2 — *La Tempête.*

— *Vue de port.*

Deux petites gouaches dans des cadres dorés.

ÉCOLE FRANÇAISE DU XVIIIe SIÈCLE

3 — *Saint Jean assis entre son mouton et la croix.*

Cadre en bois sculpté et doré à feuillage.

ÉCOLE FRANÇAISE DU XVIIIe SIÈCLE

4 — *La Fillette au chien.*

— *La Fillette au chat.*

Deux pastels, en médaillon, dans des cadres dorés à moulures.

ÉCOLE FRANÇAISE DU XVIIIe SIÈCLE

5 — *Paysage avec cours d'eau et construction.*

Gouache. Cadre doré à perles.

ÉCOLE FRANÇAISE

6 — *Portraits.*

Trois peintures dans des cadres sculptés et dorés.

ÉCOLE ITALIENNE

7 — *Christ en croix.*

Cadre en bois sculpté et doré, à rinceaux.

GRAVURES, LIVRES

8 — *Le Gardeur de bestiaux.*

Épreuve rehaussée. Cadre doré à perles.

9 — *Le Refus inutile.*

— *Le Baiser dangereux.*

Deux épreuves en noir, par Flipart, d'après Fragonard et Carême.

10 — *Le Petit Napolitain.*

— *La Petite Napolitaine.*

Deux épreuves en noir, publiées par Haid et fils, à Augsbourg.

11 — *La Danse de la Marmotte.*

Épreuve en noir, d'après Drouais.

12 — *Première et deuxième « Scènes de voleurs ».*

Deux épreuves en noir, d'après Boilly.

13 — *Saule pleureur.*

Gravure en noir, publiée à Londres en 1794, et présentant les profils de la famille royale de France.

14 — *L'Amour enchaîné.*

Épreuve en noir, par Massard, d'après Moreau.

15 — *Paysages accidentés.*

Deux épreuves en noir, éditées par Haid, d'Augsbourg.

16 — Huit épreuves en noir sur la Déchéance, l'Emprisonnement et la Mort de Louis XVI, par Cazenave.

Cadres dorés à moulures.

17 — Deux trompe-l'œil dans des cadres dorés Louis XVI, à perles.

18 — Lot d'environ cinquante vues d'optique. (Sera divisé.)

19 — Histoire de la Révolution française. Six volumes, ornés de gravures, d'après Moreau.

20 — La Pitié. Poème en quatre chants, par Jacques Delille; un volume orné de gravures.

PORCELAINES ET FAIENCES
GLACES, MINIATURES
OBJETS DE VITRINE
ET DIVERS

21 — Pot à eau et sa cuvette en porcelaine de Paris, à fond vert. Époque Empire.

22 — Jardinière rectangulaire en ancienne faïence blanche à mascarons.

23 — Deux cache-pots à anses en ancienne faïence décorée.

24 — Petite jardinière demi-lune en ancienne faïence blanche.

25 — Lot d'assiettes en faïence de Creil, présentant des vues de villes et des scènes diverses en camaïeu.

26 — Lot d'assiettes en ancienne faïence, à décor de bluets.

27 — Lot de vaisselle en ancienne terre de pipe, à pans coupés : assiettes plates et creuses, plats, etc.

28 — Lot de vaisselle en ancienne terre de pipe : assiettes et plats, cafetière, sucrier, pot à lait, raviers, soupières, etc.

29 — Grande glace rectangulaire, cadre en bois sculpté et doré à perles et feuilles d'eau Époque Louis XVI.

30 — Petite glace rectangulaire assortie.

31 — Glace rectangulaire, cadre en bois sculpté et doré à feuilles d'eau. Époque Louis XVI.

32 — Glace à cadre doré, fronton à rinceaux et palmes. Époque Louis XIV.

33 — Glace à cadre doré, sculpté de perles et feuilles d'eau. Fronton à rinceaux, oiseaux et carquois. XVIIIe siècle.

34 — Deux cadres Louis XVI dorés.

35 — Cadre en bois sculpté et doré. Époque Louis XIV.

36 — Baromètre en bois sculpté et doré.

37 — Ancien soufflet en bois de placage.

38 — Deux petits panneaux peints et brodés, se faisant pendant, dans des cadres à palmettes : la Visitation ; l'Adoration des mages.

39 — Petite miniature en médaillon, sur vélin : Profil de jeune femme. Époque Directoire.

40 — Miniature, signée de *Le Febvre* et datée *1796 :* Portrait d'un Conventionnel.

41 — Portefeuille en maroquin, orné d'écussons.

42 — Porteuille en peau, avec adresse : *Au griffon.*

43 — Calendrier perpétuel, orné d'une gravure rehaussée : l'Amour fait passer le Temps ; le Temps fait passer les Saisons. Epoque Louis XVI.

44 — Petit agenda en moire rose, dans son étui.

45 — Petit flaconnier en galuchat.

46 — Lot d'étuis en ancien cuir rouge gaufré à dorures, renfermant différents ustensiles : instruments de chirurgie, cuirs à repasser, etc...

47 — Lot de reliures en ancien cuir décoré.

48 — Quinze anciens boutons présentant de petites gravures circulaires : Vues de Paris.

49 — Ancien cadran solaire formé d'un cube à petites gravures rehaussées ; base rectangulaire munie d'une boussole.

*

50 — Ancienne petite balance et ses poids.

51 — Paire de socques ; paire de bésicles.

52 — Petit Christ en ivoire sculpté.

53 — Petit coffret rectangulaire, orné de plaques d'ivoire et d'os.

54 — Deux petits pistolets à pierre.

BRONZES, CUIVRES, ÉTAINS MÉTAL

55 — Paire de chenets en bronze ciselé et doré ; modèle à vases de flamme, paniers fleuris et pommes de pin. Époque Louis XVI.

56 — Mortier en bronze et son pilon.

57 — Mortier et son pilon en ancien cuivre.

58 — Deux flambeaux dépareillés en cuivre ciselé, à cannelures. Époque Louis XVI.

59 — Paire de flambeaux en cuivre ciselé, à palmes et cannelures. Époque Restauration.

60 — Deux paires de flambeaux en ancien étain.

61 — Deux flambeaux en métal argenté, à cannelures obliques.

62 — Paire de flambeaux en métal argenté. Époque Directoire.

63 — Cuve en ancien cuivre, sur trépied en fer forgé.

64 — Ancienne bassinoire en cuivre, à fleur de lys ; manche en fer forgé.

65 — Ancienne série de poids en cuivre.

66 — Fontaine, cuvette et bassin en ancien étain ; support en bois sculpté à coquille et rameaux de lauriers.

67 — Verseuse à anse en ancien étain.

MEUBLES ET SIÈGES

ÉTOFFES, TAPISSERIES

68 — Commode en bois de placage marqueté à filets, munie de trois tiroirs et ornée de serrures, chutes, poignées et sabots en bronze ciselé; elle est couverte d'un marbre brèche et porte l'estampille de *Vassou*. Époque Louis XVI.

69 — Commode en bois marqueté, à encadrements de petits cubes, ornée d'entrées de serrures et poignées de cuivre, et posant sur pieds à cannelures. Époque Louis XVI.

70 — Commode en bois naturel sculpté, à encadrements moulurés, ornée de bronzes ciselés et dorés à rocailles. Époque Régence.

71 — Bureau à dos d'âne en bois de placage, muni de trois tiroirs et posant sur pieds cambrés. Époque Louis XV.

72 — Secrétaire en acajou, ornés de bronzes patinés et dorés à bustes de femmes et mufles de lions, posant sur pieds-griffes et couvert d'un marbre gris. Époque Empire.

73 — Console en acajou assortie et de même époque.

74 — Console en bois sculpté et doré, à rinceaux, rosaces, vases et serpents, posant sur pieds cannelés à gaine de feuillage; dessus en marbre Sainte-Anne. Époque Louis XVI.

75 — Table-poudreuse en noyer, munie de deux tiroirs et d'une tirette, et posant sur pieds cambrés. Époque Louis XV.

76 — Table-poudreuse en marqueterie de bois rose, violette et amarante, à filets d'encadrement, munie de deux tiroirs et d'une tirette, et posant sur pieds cambrés. XVIIIe siècle.

77 — Cabinet en marqueterie de bois, muni de deux volets et comprenant à l'intérieur des casiers, portes et tiroirs. Ancien travail hollandais. (Support en noyer.)

78 — Lit en bois sculpté et peint, décoré en noir de bas-relief à vases et rinceaux et flanqué de colonnes à cannelures; il est surmonté d'un baldaquin en forme de dôme ajouré et garni de rideaux en ancienne toile de Jouy à paysages, et groupes. Époque du Consulat.

79 — Petit lit en bois sculpté, à vases et cannelures, flanqué de colonnes détachées à boules. Fin de l'époque Louis XVI.

80 — Table à jeu en acajou, posant sur pieds cylindriques cerclés de cuivre. Époque Louis XVI.

81 — Table à jeu en bois marqueté à damier. Epoque Louis XVI.

82 — Table de nuit à cylindre, en noyer, munie d'une tablette d'entrejambe et couverte d'un marbre blanc. XVIIIe siècle.

83 — Ancien paravent à six feuilles peintes, décor de jeux d'amours, médaillons et attributs.

84 — Dix chaises paillées à dossiers ajourés, présentant des sculptures de personnages et animaux.

85 — Fauteuil assorti à la précédente série.

86 — Cinq fauteuils en bois naturel sculpté à fleurettes, et foncés de canne. Époque Louis XV.

87 — Deux fauteuils en bois naturel sculpté à coquilles et feuillages, couverts de cretonne à fleurs. Époque Régence.

88 — Deux fauteuils en bois naturel sculpté, à moulures et foncés de canne, portant l'estampille de *Nogaret, à Lyon.* Époque Louis XV.

89 — Canapé, deux fauteuils et quatre chaises en bois laqué gris et partiellement peint en noir, à palmettes, rosaces et vases, du temps du Consulat, couverts de soierie à fleurs et dessins géométriques sur fond vert.

90 — Quatre fauteuils et deux chaises en bois naturel sculpté, d'époque Louis XV, couverts d'anciennes tapisserie au point à pavots et feuillage sur fond jaune.

91 — Rideau, couvre-lit et deux bandeaux en ancienne toile brodée, à fleurs rouges.

92 — Deux morceaux d'ancienne toile de Jouy, décorés de scènes diverses sur « Paul et Virginie ».

93 — Gilet blanc brodé d'argent.

94 — Cinq panneaux sur l'histoire de Darius. Sujets à grands personnages dans des pay-

sages maritimes ou des jardins; l'un des panneaux est bordé sur deux côtés de bandes à chutes de fleurs et enroulement de rubans. Aubusson. XVIIe siècle.

Hauteur des panneaux, 1 m. 90 cent.
Largeurs, 1 m. 65 cent; 1 m. 90 cent.; 2 m. 30 cent.
3 m. 20 cent.; 3 m. 55 cent.

95 — Trois bandeaux dentelés en ancienne tapisserie au point, à décor de fleurs d'un vif coloris sur fond crème, entre deux bordures à rinceaux et ramages.

96 — Lot de bordures, fragments et morceaux d'ancienne tapisserie. Aubusson. XVIIIe siècle.

Objets appartenant à divers

PORCELAINES ET FAIENCES

GROUPE EN BOIS SCULPTÉ

BAS-RELIEF EN IVOIRE

GRAVURES ET DIVERS

97 — Verseuse en ancienne porcelaine de Paris, à fleurettes; couvercle monté en cuivre ciselé à coquille.

98 — Assiette creuse en ancienne porcelaine de la Compagnie des Indes, décorée au fond d'un blason et de fleurettes au marli.

99 — Deux autres plates à bouquet et panier fleuri.

100 — Quatre assiettes en ancienne faïence de Strasbourg, décor au Chinois.

101 — Deux autres en ancienne faïence polychrome de Delft, à réserves de fleurs dans un décor rayonnant.

102 — Deux chopes en grès allemand.

103 à 105 — Lot d'environ trente assiettes ou plats en anciennes faïences variées : Delft, Rouen, Strasbourg, hispano-mauresque, etc. (Sera divisé.)

106 à 110 — Fort lot de plats, assiettes, tasses et pièces diverses en anciennes faïences anciennes et modernes : Strasbourg, Rouen, Moustiers, Nevers, faïences révolutionnaires et autres. (Sera divisé.)

111 — Bas-relief rectangulaire en ivoire sculpté, présentant l'adoration des Mages, dans un encadrement de même travail à personnages, draperies, et mascarons; cadre en ébène mouluré surmonté d'une tête d'ange en cuivre ciselé. En partie d'époque Renaissance.

112 — Christ en ivoire sculpté.

113 — Petit panneau de maroquin gaufré à dorures.

114 — Support d'applique en bois naturel, sculpté de figures. Époque Renaissance.

115 — Intéressant groupe en bois sculpté polychrome, avec traces de dorures, présentant la Vierge assise dans un fauteuil à fenestrage d'oves, la tête et le corps couverts d'un ample manteau brun drapé et tenant sur ses genoux l'Enfant Jésus. Ancien travail de l'Auvergne.

116 — Petite glace rectangulaire, cadre Louis XVI en bois sculpté et doré à perles et rubans.

117 — École française. Portrait d'homme en habit bleu brodé.

118 — Édouard II, le martyr, et Elfride : gravure en couleurs, d'après Hamilton, par Girard; cadre Louis XVI en bois sculpté à perles.

119 — Le Prélude de Nina : gravure en noir, par Chaponnier.

120-121 — Lots d'armes : fusils, épées, pistolets, ancien tromblon espagnol, etc. (Sera divisé.)

BRONZES, CUIVRES, ÉTAINS

122 — Brûle-parfums en ancien bronze de la Chine, le couvercle surmonté d'un paon.

123 — Ancien mortier en bronze ciselé, à têtes de faunes.

124 — Fontaine-verseuse en cuivre repoussé et gravé à palmes et feuillages. Ancien travail hollandais.

125 — Ancien samovar en cuivre, sur son plateau.

126 — Petite buire et son plateau circulaire en cuivre gravé. Travail indien.

127 — Jardinière d'applique en ancien cuivre repoussé, ornée d'un saint Georges et d'un char.

128 — Deux plaques en ancienne dinanderie, ornées de bustes.

129 — Paire de mouchettes, avec plateau, en ancien cuivre. Autre paire de mouchettes en ancien cuivre gravé.

130 — Hanap en ancien étain gravé d'armoiries.

131 — Deux supports en ancien étain.

MEUBLES ET SIÈGES

132 — Commode en bois de violette filetée de bois de rose, ornée de bronzes ciselés et dorés à rocailles, serrures, poignées, chutes et sabots, et munie de quatre tiroirs plus un petit tiroir central à secret ; dessus en marbre rouge veiné. Époque Louis XV.

133 — Petite commode à deux tiroirs, posant sur pieds cambrés ; elle est ornée de serrures, poignées, chutes et culs-de-lampe en bronzes ciselés et dorés, couverte d'un marbre brèche et porte l'estampille de *J.-C. Ellaume*. Époque Louis XV.

134 — Petite commode à trois tiroirs en bois de placage, ornée de bronzes ciselés et dorés, tels que poignées, sabots, chutes et cul-de-lampe, couverte d'un marbre rouge et portant l'estampille de *J. Lapie*. Époque Louis XV.

135 — Petite console demi-lune en bois de placage, ornée d'un buste de femme et d'applications en bronze. Époque Empire.

136 — Lit normand en chêne sculpté ; panneaux à paniers fleuris, palmes et oiseaux, montants à cannelures. XVIIIe siècle.

137 — Bahut normand en chêne sculpté, à rosaces et entrelacs de rubans, muni de deux portes et de deux tiroirs. XVIIIe siècle.

138 — Ancienne armoire normande en bois naturel finement sculpté, décorée d'un vase fleuri au fronton et sur les panneaux de bouquets et attributs de la musique. Époque Louis XVI.

139 — Grande armoire à deux corps en chêne sculpté, à colonnes torses, mascarons, têtes d'anges et moulures, munie de vitraux à la partie supérieure et de portes pleines dans le bas. Époque Renaissance.

140 — Ancien buffet normand en bois sculpté à paniers fleuris et bouquets, vitré dans le haut. Époque Louis XVI.

141 — Fauteuil Louis XIII, couvert d'ancien cuir de Cordoue, à fleurs et arabesques.

142 — Fauteuil en chêne sculpté, dossier à rose, bras et pieds contournés à moulures, couvert d'ancienne tapisserie au point à fleurs et feuillage sur fond crème. Époque Louis XV.

143 — Deux chaises en bois laqué blanc, dossiers arrondis, pieds et ceinture à cannelures, couvertes d'étoffe à dessins réguliers rouges ; l'une d'elle porte l'estampille de *N.-L. Marlette*. Époque Louis XVI.

144 — Deux chaises Louis XIII en bois noir, couvertes de cuir gaufré, à personnages dans des rinceaux.

145 — Chaise Louis XIII à haut dossier, couverte de cuir à clous apparents.

146 — Objets omis.

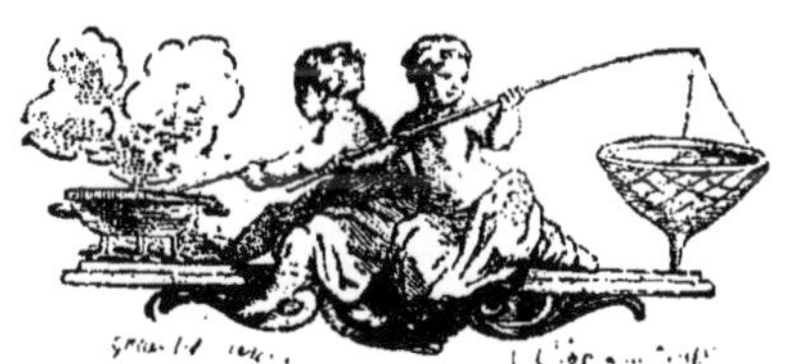

www.ingramcontent.com/pod-product-compliance
Ingram Content Group UK Ltd.
Pitfield, Milton Keynes, MK11 3LW, UK
UKHW020227180726
13838UKWH00005B/2227

9 782329 496689